FACULTÉ DE DROIT DE RENNES

THÈSE

POUR

LA LICENCE

BREST
IMPRIMERIE DE J. B. LEFOURNIER AÎNÉ, GRAND'RUE, 86
1874

FACULTÉ DE DROIT DE RENNES

THÈSE POUR LA LICENCE

JUS ROMANUM...... De usucapionibus et longi temporis possessionibus (Gaii Comment. II, § 40-61.
Inst., libr. II, tit. 6. — Dig., lib. XLI, tit. 3. Cod. Just., lib. VII, tit. 30.)

DROIT FRANÇAIS.... De la prescription considérée comme moyen d'acquérir (Art. 2219-2241,
2262-2265. 2269. 2279-2280. 2260-2261.)

L'ACTE PUBLIC SUR LES MATIÈRES CI-APRÈS SERA SOUTENU LE 24 JUILLET 1874

A 7 HEURES DU MATIN

Par M. BRO (PIERRE-ÉDOUARD)

Né à Lanrivoaré (Finistère), le 19 Avril 1854

EXAMINATEURS :

MM. GAVOUYÈRE, DE CAQUERAY, Professeurs; GUÉRARD, GARNIER, Agrégés chargés de Cours

BREST
IMPRIMERIE DE J. B. LEFOURNIER AÎNÉ, GRAND'RUE, 86
1874

A MA FAMILLE

A MES AMIS

DE USUCAPIONIBUS

ET LONGI TEMPORIS POSSESSIONIBUS

Gaii Comment., ıı, § 40-61. — Inst., Just. lib. 2. tit. 6. — Dig., lib. xlı. tit. 3. Cod., lib. vıı, tit. 30.

Usucapio est modus acquirendi jure civili constitutus, qui duodecim tabularum lege usus auctoritas appellabatur. Usucapio, ait Ulpianus, est dominii adeptio per continuationem possessionis anni vel biennii; rerum mobilium anni, immobilium biennii. Usucapio est adjectio dominii per continuationem possessionis temporis lege definiti. (Dig., de Usurp., l. 3.)

Bono publico usucapio introducta est, ne, scilicet, quarumdam rerum diu et fere semper incerta dominia essent; cum sufficeret dominis ad inquirendas res suas statuti temporis spatium. (Dig., de Usurp., l. 1.)

Usucapere potest scilicet pater familias, filius familias, et maxime miles in castris acquisitum usucapiet. Pupillus quoque, si tutore auctore cœperit possidere, usucapit. Etiamsi non tutore auctore possideat, et animum possidendi habeat, potest usucapere.

Bonæ fidei possessori dominium ex jure Quiritium usucapio dabat: Usucapione dominia adipiscimur, ait Ulpianus, tam mancipi rerum quam nec mancipi.

Ad duas res spectabat usucapio: dominum ex jure Quiritium efficiebat possessorem qui res in bonis tantum habebat. Si tibi rem mancipi neque mancipavero, neque in jure cessero, sed tantum tradidero, in bonis tantum tuis ea res efficietur, ex jure Quiritium vero mea permanebit, donec tu eam possidendo usucapias: semel enim impletâ usucapione, proinde pleno jure incipit, id est et in bonis, et ex jure Quiritium, tua res esse, ac si ea tibi mancipata, vel in jure cessa esset. (Gaii, Comment., II, § 41.)

Alium quoque effectum habebat usucapio : Earum rerum usucapio nobis competit quæ non a domino nobis traditæ fuerint, sive mancipi sint eæ res, sive nec mancipi, si modo eas bonâ fide acceperimus, cum crederemus eum qui tradiderit, dominum esse. (Gaii, Comment., II, § 43.) Usucapio quoque vindicantem dominum juris probandi, et hoc quippe frequenter impossibile, immunem faciebat.

Provinciales autem terræ, exceptis his quidem quæ Jus Italicum obtinuerant, juris civilis non erant participes ; neque enim privatæ possessioni aptæ erant, quum Cæsar populusve Romanus eas in dominio habere censebantur, et usucapi certe non poterant. Prætores vero quemdam modum usucapionis introduxerunt, provinciali solo proprium, isque modus longi temporis præscriptionis nomine appellaverunt. Longi temporis præscriptio inter præsentes continuo decennii spatio, inter absentes vicennii comprehenditur.

Præscriptio autem longi tempori possessoris non dominium ex jure Quiritium dabat, velut usucapio ; rem tantum in bonis possessoris conservabat, vindicationem domini irritam efficiens, quum possessor temporis spatio cæteras conditiones lege statutas adjungeret.

Magna ceterum ab initio inter usucapionem et præscriptionem fuit differentia : Usucapio enim erat modus acquisitionis, præscriptio autem domini vindicationem repellendi. Usucapio rem tradebat cum oneribus, præscriptio autem objici poterat non tantum domino, sed etiam illi qui jus pignoris vel hypothecæ in re habebat et in hac re magis valebat quam usucapio. Usucapionem demum non domini vindicatio, sentencia vero judicis interrumpebat : litis autem contestatione præscriptio interrumpebatur.

Veniamus nunc ad tempus Justiniani. Hâc ætate, omne imperii solum ejusdem juris erat particeps ; nulla adhuc existit inter Italicum provinciale ve solum differentia : sane inutile est usucapionem in Italicis quidem soli rebus admittere, in provincialibus autem recludere. (Cod. Just., De usucap. transformanda.) Vetus etiam inter mancipi et non mancipi res discrepantia jampridem antiquata fuerat ; cum etiam res dividi mancipi et nec mancipi sane antiquum est, et merito antiquari oportet, ut sit rebus et locis omnibus similis ordo, inutilibus ambiguitatibus et differentiis sublatis. (Cod. Just., De usucap. transf.) Non possunt ergo inter usucapionem et præscriptionem subsistere differentiæ. Itaque Justinianus leges et effectus antiquæ usucapionis longique temporis præscriptionis permiscet, unicumque modum usu acquirendi constituit, qui indiscriminatim usucapio vel longi temporis præscriptio appellatur. Ideo per præsentem legem et in Italicis soli rebus quæ immobiles sunt, vel esse intelliguntur, sicut annalem exceptionem ita et usucapionem transformandam esse censemus; ut tantummodo et his decem, vel viginti, vel triginta annorum et aliarum exceptionum tempora currant; hujusmodi angustiis penitus semotis. Cum autem antiqui et in rebus mobilibus, vel se moventibus quæ fuerant alienatæ, vel quocumque modo (bonâ fide tamen) detentæ, usucapionem extendebant, non tantum in Italico solo nexu, sed in omni orbe terrarum, et hanc annali tempore concludebant; et eam duximus esse corrigendam, ut si quis alienam rem mobilem seu se moventem in quâcumque terra, sive in Italiâ, sive provinciali bonâ fide per continuum triennium detinuerit, is firmo jure possideat quasi per usucapionem eam acquisitam. (Cod. Just., De usucap. transf.)

In usucapionibus longique temporis præscriptionibus quinque quidem conditiones, ut usucapiat possessor, sunt necessariæ. Res primum usucapi posse debebat, possessor deinde rei consequi possessionem bonâ fide, justâ causâ et per certum tempus continuare possessionem.

Res hoc modo acquisitionis capi debebat posse : itaque res quæ a privato possessore non possunt detineri usucapi non possunt. Aliquando, etiam si maxime quis bonâ fide rem possederit, non tamen illi usucapio ullo tempore procedit : veluti si quis liberum hominem, vel rem sacram vel religiosam, vel servum fugitivum possideat. Furtivæ quoque res, et quæ vi possessæ sunt, nec si prædicto longo tempore bonâ fide possessæ fuerint, usucapi possunt : nam furtivarum rerum lex duodecim tabularum et lex Atinia inhibent usucapionem ; vi possessarum, lex Julia et Plautia. (Inst. Just., tit. VI, §§ I, II.)

Hæc quidem prohibitio legis non ad furem spectat, quià scilicet malâ fide possideat, sed ad omnes qui rem emerunt ab eo aut ex aliâ causâ acceperunt. Interdum tamen hoc purgari vitium poterat. Usucapiet enim ille qui ab hærede rem defuncto locatam vel commodatam vel apud se depositam bonâ fide emerit ; item, si is ad quem ancillæ ususfructus pertinet, partum suum esse credens vendiderit aut donaverit, furtum non committit ; furtum enim sine affectu furendi non committitur.

Res fisci nostri usucapi non possunt, ait Justinianus : Existit tamen exceptio ; Papinianus scripsit, bonis vacantibus fisco nondum nuntiatis, bonâ fide emptorem traditam sibi rem ex his bonis usucapere posse ; rem autem talem esse debere ut in se non habeat vitium, ut a bonæ fidei emptore usucapi possit, vel qui ex aliâ justâ causâ possidet. (Inst. Just., II, §§ 9, 10.)

Non potest usucapi fundus dotalis ; lex enim Julia, quæ vetat fundum dotalem alienari, pertinet etiam ad acquisitiones per usucapionem.

Secunda conditio ut usucapere possint possessores bona sane fides est. Bonæ fidei possessor est qui plane ignorat acquisitionis vitium. Hujus vero error, ut bonæ fidei nomine recte appelletur, in factis tantum subsistere debet : exempli causâ qui ignorat venditorem rei venditæ dominium non habere, impuberem illum esse, furiosumve. Juris autem error nulli ad usucapionem prodest, velut si a pupillo emero, sine tutoris auctoritate, quem pupillum esse sciam.

Bona autem fides possessionis initio tantum necessaria est; ex hoc enim momento, dominium rei possessor consecutus esset, si non extitisset vitium quod ignorabat : Si quis bonâ fide possidens, ante usucapionem amissâ possessione, cognoverit esse rem alienam et iterum nanciscatur possessionem, non capiet usu : quia initium secundæ potestatis vitiosum est. (Dig., l. XLI, tit. 3, l. 15.) Peculiaris tamen exceptio est : Si putem me ex causâ venditi teneri, et ideo tradam : hic enim pro emptore usucapio locum non habet. (Dig., l. XLI, tit. 3, l. 48.)

Plerumque bonam fidem in momento adeptæ possessionis existere sufficit. Est vero in emptionibus exceptio : Quæritur, ut usucapio currat, utrum emptionis initium ut bonam fidem habeat exigimus, an traditionis? Et obtinuit Sabini et Cassii sententia traditionis initium spectantium.

Veniamus nunc ad justam causam; justam causam appellamus factum contractumve cujuscumque generis, juri congruens, cujus effectu possessio accepta captave fuit in eo ut dominium acquiratur. Justam quoque causam lex justi tituli nomine interdum vocat.

Plerumque possessor non usucapiet quum non justâ causâ possidet; nonnullas tamen Pandectæ nobis ostendunt exceptiones. Ille quidem qui emisse accepisseve putat rem apud eum depositam nunquam usucapiet quia ejus error sane nihil excusationis habet; usucapiet vero ille qui bonâ fide possidet rem quam emptam donatamve existimat servo suo defunctove cujus hæres exstitit; quia in hoc casu possessoris error non ex facto orta est cujus fuerit ipse particeps. Una ergo tantum ut usucapiat possessor conditio exigitur : bona fides errorque possessoris excusationem habere debent, verisimilibusque causis generari.

Magni momenti occurrit nunc quæstio; Suntne justa causa bonaque fides dissimiles usucapionis conditiones, ambæ ad usucapionem necessariæ? Diu videtur quæstio hæc prudentes divisisse Romanos. Justinianus autem ait cum bonâ fide justam semper causam esse existendam : Celsus, lib. 34. errare eos ait qui existimaverunt, cujus rei quisque bonâ fide adeptus sit possessionem, pro suo usucapere eum posse; nihil referre emerit, nec ne, donatum sit, necne, si modo emptum vel donatum sibi existimaverit : Quia neque pro legato, neque pro donato, neque pro dote usucapio valeat, si nulla donatio, nulla dos, nullum legatum fit. (Dig., 41-3-27.)

Error autem falsæ causæ usucapionem non parit, veluti si quis, quum non emerit, emisse se existimans possideat, vel cum ei donatum non fuerit, quasi ex donatione possideat. (Inst., lib. II, tit. VI, § XI.)

Pandectæ nobis in pluribus separatis titulis præcipua exponunt facta quæ justam possessionis causam pariunt. Genera possessionum tot sunt, quot et causæ acquirendi ejus quod nostrum non sit; velut pro emptore, pro donato, pro legato, pro dote, pro herede, pro noxæ dedito, pro suo :

sicut in his, quæ terrâ marique, vel ex hostibus capimus vel quæ ipsi ita, ut in rerum naturâ essent, fecimus. Et in summâ magis unum genus est possidendi; species infinitæ. (Dig., 41-2, 3, § 21.)

Justâ ergo causâ possessionis possidemus : pro emptore, quum rem emptam solvimus ; pro donato quum rem inter vivos donatam vel mortis causâ accepimus ; pro dote, causâ nuptiarum ; pro soluto, quum res nobis debita soluta est ; pro derelicto, quum rem inoccupatam cepimus, pro legato, quum res nobis a defuncto legata est ut sua quum aliena esset, revocatumve fuisset legatum ignotis codicillis ; pro suo ille possidet qui fructus bonâ fide percepit, ferasve cepit.

Possessio non tantum corporis, sed juris est ; ut possessor usucapiat, jure civili debet possidere ; rem scilicet in sua potestate habere, animumque domini. Non est enim corpore et tactu necesse apprehendere possessionem, sed etiam oculis et affectu.

Pluribus in casibus auctoris possessionem suæ adjungere possessor potest. Cum hæredes instituti sumus, aditâ hæreditate, omnia quidem jura ad nos transeunt ; hæres enim in jus omne defuncti succedit. Possessio ergo defuncti quasi juncta descendit ad hæredem et plerumque completur nondum aditâ hæreditate ; hæc autem continuatio possessionis utilitatis tantum causâ admissa est.

Possessionis accessio emptori tantum primum concessa fuerat : Inter venditorem quoque et emptorem conjungi tempora Divi Severus et Antoninus rescripserunt. (Inst., lib. II, tit. VI, § XIII.) Postea vero ad possessores pro donato, pro legato et pro suo hæc extensa est regula. Ut contingat ei possessio etiam anterior justi possessoris et connumeretur in decennium vel viginti annorum spatium, vel tricennium, quod et in rebus mobilibus observandum esse censemus, ut in omnibus justo titulo possessionibus antecessoris justa detentio quam in re habuit non interrumpatur ex posteriore forsitan alienæ rei scientia, licet ex titulo lucrativo ea cæpta est. (Cod. Just., De usucap. transf.)

Usurpatio est usucapionis interruptio : Naturaliter interrumpitur possessio, quum quis de possessione vi dejicitur, vel alicui res eripitur : quo casu non adversus eum tantum qui eripit, interrumpitur possessio, sed adversus omnes. Nec eo casu quicquam interest, is qui usurpaverit dominus sit, necné (Dig., lib. xli, tit. 3, l. 5.) ; semper cæterum usurpatio anteriorem irritam facit possessionem, quæ non numeranda est, etiam si iterum possessor nanciscatur possessionem.

Quod autem attinet ad usurpationem secùndum jus civile, Justinianus eam quidem sequitur legem quæ in longi temporis præscriptionibus quondam observata fuerat. Possessione acquisitio vel ad mobilia spectans vel ad immobilia justi domini actione interrumpetur ex eo tempore in quo nascitur controversia, et non ex eo tantum momento quod litis appellatur contestatio : hæc enim contestatio litis non adhuc in actionibus Justiniani existit.

Veniamus nunc ad necessarium tempus ut possessor usucapiat : hoc quidem in Institutionibus plane expositum reperimus : Nobis melior sententia resedit, ne Domini maturius suis rebus defraudentur, neque certo loco beneficium hoc concludatur. Et ideo constitutionem super hoc promulgavimus, qua cautum est ut res quidem mobiles per triennium, immobiles vero per longi temporis possessionem (id est, inter præsentes decennio, inter absentes viginti annis) usucapiantur ; et his modis non solum in Italiâ, sed etiam in omni terrâ quæ nostro imperio gubernatur, dominia rerum justâ causâ possessionis præcedente acquirantur. (Inst. Just., lib. ii, tit. vi, præmium.)

Inter præsentes currit prescriptio quum Dominus et possessor in eâdem provinciâ sedem habent, nullo discrimine loci in quo res est ; inter absentes, quum non eamdem incolunt provinciam.

In usucapionibus non a momento ad momentum, sed totum postremum diem computant ; ideoque qui horâ sextâ diei kalendarum Januariarum possidere cœpit, horâ sextâ noctis pridie kalendas Januarias implet usucapionem. (Dig., De usurp. et usucap., l. 6, l. 7.)

Nonnulis causis usucapionis tempus suspenditur ; primum præscriptio

2

longi temporis non currit minori. Non est incognitum id temporis quod minore ætate transmissum est, longi temporis præscriptioni non imputari : ea enim tunc currere incipit quando ad majorem ætatem Dominus rei pervenerit (Cod. Just., Quibus non obj., l. 3). Rursus ex diverso, si quis, cum reipublicæ causâ abesset, vel in hostium potestate esset, rem ejus qui in civitate esset usuceperit, permittitur domino, si possessor reipublicæ causa abesse desierit, tunc intra annum, rescissâ usucapione, eam petere ; id est, ita petere ut dicat possessorem usu non cepisse, et ob id suam rem esse. (Inst. Just., l. iv, t. vi, § 5.)

Nunc vero de peculiaribus casibus loqui oportet : primum occurrit pro hærede lucrativave usucapio. Ante legem Scriboniam latam, proderat quidem usucapio illi vel etiam alienam rem se possidere scienti, velut si rem hæreditariam, cujus possessionem hæres nondum nactus est, aliquis possederit ; nam ei concessum est usucapere, si modo ea res est quæ recipit usucapionem. Quæ species possessionis et usucapionis pro hærede vocatur. (Gaii, Comment., § 52.) Sic hæreditas ipsa usucapiebatur. Hæc autem improba usucapio concessa fuerat quia voluerant veteres maturius hæreditates adiri, ut essent qui sacra facerent et ut creditores haberent a quo suum consequerentur. Hæc autem species possessionis et usucapionis etiam lucrativa vocatur ; nam sciens quisque rem alienam lucrifacit. (Gaii, Comment., ii, § 56). Medio tempore inter legem Scriboniam Juventianumque senatus-consultum, res tantum quam in bonis habuerat possessor poterat usucapi, secundum hanc regulam : causam possessionis neminem sibi mutare posse. Hæc vero sic accipienda est ut possessio non solum civilis, sed etiam naturalis intelligatur. Et propterea responsum est neque colonum, neque eum apud quem res deposita, aut cui commodata est, lucrifaciendi causâ pro hærede usucapere posse. (Dig., Pro hærede, l. 2, § 1).

Juventianum senatus-consultum, ex auctoritate Hadriani factum, tales revocat usucapiones : et ideo potest hæres, ab eo qui rem usucepit, hæreditatem petendo, perinde eam rem consequi atque si usucapta non esset. Res autem hæreditariæ, quarum nondum nactus est possessionem necessarius hæres pro hærede possunt usucapi : ita enim, necessario hærede extante, placuit. (Gaii, Comment., II, § 57-58).

Divus Marcus æxpilatæ hæreditatis crimen instituerat senatus-consulto : si quis alienam hæreditatem æxpilaverit, extra ordinem selet coerceri per accusationem æxpilatæ hæreditatis, sicut et oratione Divi Marci cavetur. (Dig., Æxp. hæred., l. 1.) Si hoc crimen intendatur, cum furti agi non potest, urbis præfectus aut præses provinciæ cognitionem suam accomodare debet. Justinianus autem ait pro hærede usucapere eum posse qui putat rem aliquam ex hæreditate esse, quæ non est, dummodo ille testamenti factionem habeat.

Usureceptio est usucapio illius qui rem alicui fiduciæ causâ mancipio dedit, vel in jure cessit, si eamdem ipse possederit; et hæc quidem fiduciæ causâ dicitur usureceptio. Prædiatura vocatur si rem obligatam sibi populus vendiderit, eamque dominus possederit. (Gaii, Comment., II, § 59-61.)

In Institutionibus res a fisco emptas quibus conditionibus usucapi possunt reperimus : « Edicto divi Marci cavetur eum qui a fisco rem alienam emit, si post venditionem quinquiennium præterierit, posse dominum rei exceptione repellere. Constitutio autem divæ memoriæ Zenonis, benè prospexit iis qui a fisco per venditionem, aut donationem, vel alium titulum aliquid accipiunt, ut ipsi quidem securi statim fiant et victores existant, sive experiantur, sive conveniantur. Nostra autem divina constitutio, quam nuper promulgavimus, etiam de iis qui a nostrâ vel venerabilis Augustæ domo aliquid accipiunt, hæc statuit quæ in fiscalibus alienationibus præfatâ Zenonianâ constitutione continentur. (Inst. Just., II, 6, § XIV.)

Prætor quoque possessionem potest tradere quâ possessor usucapiat : Juste possidet, qui auctore prætore possidet. (Dig., De acquir. vel Omitt. poss., l. II)

Quædam adhuc sunt præscriptionum genera. Ea scilicet longissimi dicta temporis, quæ triginta annis perficitur, quum sine justâ causâ possidet possessor; vel res possessa raptave fuit, vel vi consecuta. Quadraginta annorum spatio præscriptio perficitur, quum bonis ecclesiasticis agitur. Illæ quidem triginta vel quadraginta annorum præscriptiones, quæ primum propriâque naturâ, ad repellendas quasdam actiones institutæ fuerant, veri acquisitionis factæ sunt modi, Justiniano imperatore ; et ad eas quoque quod nuper de usucapionis effectibus et usurpationibus diximus, spectat.

DE LA PRESCRIPTION

CONSIDÉRÉE COMME MOYEN D'ACQUÉRIR

Code civil, art. 2219-2241. 2262-2265. 2269. 2279-2280. 2260-2261.

Aux termes de l'art. 2219, la prescription est un moyen d'acquérir ou de se libérer par un certain laps de temps, et sous les autres conditions déterminées par la loi. Comme on le voit dans cette définition, le Code distingue deux sortes de prescriptions : l'une, qui fait acquérir un droit sur une chose et qu'on appelle la prescription acquisitive ; l'autre, qui dégage un débiteur de l'obligation qu'il avait autrefois contractée, et à laquelle on donne le nom de prescription libératoire. Nous n'avons à nous occuper ici que de la prescription acquisitive.

La définition que le Code civil donne de la prescription, définition qui a été empruntée à Domat, a fait naître d'assez vives controverses entre les jurisconsultes. Les uns, parmi lesquels on remarque MM. Troplong et Mourlon, ont soutenu que la prescription n'était autre chose que la présomption légale d'une cause légitime et antérieure d'acquisition ou de libération ; mais, suivant l'opinion générale, la prescription est un véritable mode d'acquisition ou de libération. En effet, le possesseur d'un champ revendiqué par son véritable propriétaire pourra répondre à celui-ci qu'il est vrai qu'il n'a jamais eu de juste titre pour posséder ce bien, qu'il s'en est emparé de mauvaise foi ; mais que voilà 40 ans qu'il le traite en propriétaire, et qu'il y a par conséquent prescription. On ne peut évidemment soutenir que, dans ce cas, la prescription est la présomption d'un droit antérieurement acquis. Telle était, d'ailleurs, l'opinion de plusieurs anciens jurisconsultes français. Dunod définit la prescription acquisitive : une manière d'acquérir le domaine des choses en les possédant ; et Pothier :

l'acquisition de la propriété par la possession. Au reste, ces discussions n'ont qu'une valeur purement théorique ; et, quel que soit le système qu'on adopte, les résultats seront toujours les mêmes, et on devra toujours reconnaître que la prescription une fois accomplie remonte, quant à ses effets, au jour même où elle a commencé.

Bien que produisant parfois des résultats injustes, la prescription a mérité d'être appelée *patrona generis humani*. C'est, qu'en effet, l'intérêt général doit toujours passer avant l'intérêt particulier. On ne peut, quand un droit est resté non exercé, pendant quarante ou cinquante ans, lui donner encore effet en jetant partout la perturbation. S'il en eût été autrement, la propriété eût été perpétuellement incertaine ; tout eût été mis en question, et les droits les plus légitimes auraient été compromis. Qu'un possesseur de mauvaise foi, qui s'est emparé d'un bien sans juste titre, vienne opposer la prescription au véritable propriétaire et triomphe par ce moyen de son action en revendication, c'est sans doute un résultat fâcheux ; mais, lorsqu'on considère combien la prescription est utile aux propriétaires dont les titres sont égarés, et qui n'ont d'autre ressource, pour prouver leur droit, que d'établir qu'ils ont possédé l'immeuble litigieux pendant trente ans, à titre de propriétaire, on peut aisément se convaincre qu'une institution n'est pas odieuse, parce qu'elle peut, dans certains cas, causer quelque mal particulier, et que la prescription acquisitive est une véritable garantie de la propriété.

DISPOSITIONS GÉNÉRALES

La prescription acquisitive , dont nous avons à nous occuper spécialement, est fondée sur cette présomption que celui qui a possédé publiquement, paisiblement et à titre de propriétaire pendant le temps déterminé par la loi, est bien réellement propriétaire. Elle peut se définir : un moyen d'acquérir par la possession du bien continuée pendant un certain temps.

La prescription acquisitive se compose donc de deux éléments principaux : le laps de temps et la possession. De plus, dans certains cas, la loi exige que celui qui veut acquérir une chose par prescription soit de bonne foi.

Le laps de temps doit en général comprendre trente années, à compter de l'entrée en possession. Cependant, comme nous le verrons, dans certains cas la loi déroge expressément à cette règle.

La prescription acquisitive s'applique :

1° A la pleine propriété ;

2° Aux servitudes réelles qui sont à la fois continues et apparentes ;

3° Aux droits d'usufruit, d'usage et d'habitation ;

4° Au droit d'hérédité ;

5° Au droit d'hypothèque, en ce sens que le possesseur d'un immeuble hypothéqué peut, par une possession prolongée de l'immeuble, acquérir l'affranchissement de l'hypothèque dont il est grevé.

La prescription acquisitive ne s'applique point :

1° Aux servitudes continues qui ne sont pas apparentes ;

2° Aux servitudes apparentes qui ne sont pas continues ;

3° Aux créances et aux rentes ;

4° Au droit d'hypothèque qu'elle ne peut pas servir à constituer.

Certaines choses sont imprescriptibles par leur nature ou par la disposition de la loi. Nous devons placer au premier rang les choses hors du commerce et dès-lors inaliénables. En effet, pour acquérir un droit, il faut non-seulement que le droit soit susceptible d'être acquis par prescription, mais encore que la chose sur laquelle le droit s'exerce soit susceptible d'être l'objet de ce droit.

Sont imprescriptibles :

1° La liberté de l'homme et les diverses facultés par lesquelles il l'exerce ;

2° Les biens hors du commerce comme les fleuves, les rivières navigables ainsi que les rivages de la mer, les routes et les rues à la charge de l'Etat, les ports, havres et rades, murs, fossés des places de guerre, etc.;

3° Les biens des départements et des communes affectés à un usage public.

On pourrait croire au premier abord qu'il y a antinomie entre l'art. 2226 qui prohibe la prescription des biens qui ne sont pas du commerce, et l'article 2227 qui permet de prescrire les biens de l'Etat, des communes et des établissements publics ; mais cette contradiction n'est qu'apparente. On sait, en effet, que l'Etat possède deux sortes de biens : les uns destinés à sa défense ou à l'usage commun des citoyens, qui sont hors du commerce et par conséquent inaliénables et imprescriptibles ; les autres qui comprennent les maisons, champs, bois, prés, vignes, provenant soit des dons et legs qui lui ont été faits, soit des successions en déshérence qu'il a recueillies. Ces biens, qui n'ont aucun caractère public, sont aliénables sous certaines conditions et par conséquent prescriptibles, c'est à eux que s'applique l'article 2227.

Les juges ne peuvent pas suppléer d'office le moyen tiré de la prescription. En effet, pour acquérir la propriété d'un immeuble, il ne suffit pas que vous ayez possédé cet immeuble pendant trente ans paisiblement, publiquement, et sans interruption : votre possession fait présumer sans doute que le droit que vous avez exercé pendant si longtemps est à vous ; mais si de plus vous invoquez vous-même le secours de la prescription, cette présomption acquiert alors une si grande force qu'elle produit les mêmes effets qu'un titre parfaitement en règle.

Lorsque la prescription a été invoquée par le possesseur, elle est complète et produit rétroactivement tous les effets dont elle est susceptible. De cette théorie résulte une règle fort importante : c'est qu'on ne doit considérer la renonciation à la prescription acquisitive que comme une restitution de la chose d'autrui, et que, par conséquent, cette renonciation n'est soumise à aucune des conditions et formalités qui régissent les donations et les contre-aliénations.

On peut renoncer à la prescription dans trois cas : 1° avant le commencement de la prescription ; 2° pendant qu'elle court ; 3° après qu'elle est acquise. Examinons séparément ces trois cas :

Il n'est pas permis de renoncer d'avance à une prescription future, parce que la renonciation anticipée a quelque chose qui trouble le bien public, encourage l'incurie et déroge à une loi d'utilité générale.

La renonciation à la prescription future est, d'ailleurs, très-rarement applicable à la prescription acquisitive. On peut cependant citer comme exemple le cas où un possesseur ayant écrit au propriétaire pour demander la jouissance précaire du bien et renoncer au droit de le prescrire, et ayant reçu un refus positif à sa demande avec injonction de déguerpir immédiatement, continue cependant à jouir à titre de maître, le véritable propriétaire venant à mourir ou se trouvant autrement empêché de donner suite à à son ordre.

Si on ne peut renoncer à une prescription future, on peut, au contraire, très-bien renoncer à une prescription acquise, parce que ce n'est plus là qu'une simple question d'intérêt privé, et que la société n'a qu'à gagner à un acte de conscience, à la restitution d'un bien possédé injustement.

Quant à la renonciation faite à une prescription en cours de s'accomplir, nous devons, pour régler son effet, y appliquer la combinaison des deux principes qui régissent la prescription acquisitive et la prescription libératoire. La renonciation n'a d'effet que pour le temps qui a déjà couru, et non pour celui qui reste encore à courir ; on peut même considérer cette renonciation comme une interruption de la prescription.

La renonciation à la prescription peut être expresse ou tacite. Elle a lieu expressément, lorsqu'elle résulte d'une déclaration formelle du possesseur ou du débiteur ; elle se prouve donc par un acte authentique, par un acte sous seing privé, par témoins, s'il existe un commencement de preuve par écrit, ou même sans ce commencement de preuve, si le droit sujet à prescription ne dépasse pas 150 francs.

Quant à la renonciation tacite, elle résulte de tout fait qui suppose l'abandon du droit acquis. Au reste, le soin de déterminer les circonstances qui peuvent autoriser cette induction est évidemment un point de fait laissé à l'appréciation des tribunaux. Ainsi les juges pourront voir une renonciation tacite du possesseur, lorsqu'il achète une servitude sur l'immeuble possédé, qu'il le prend à bail, ou figure comme témoin dans un contrat par lequel le propriétaire le vend ou le donne à un tiers.

3

Bien que la renonciation qui porte sur une prescription acquise, mais non encore opposée, ne soit pas de la part du possesseur une aliénation, le Code établit cependant en principe qu'on ne doit reconnaître la faculté de renoncer qu'à celui qui est capable d'aliéner. Ainsi ce serait une renonciation nulle que celle qui serait faite par un mineur non émancipé, par un interdit, etc. L'incapable ne jouit pas d'un discernement libre et éclairé, et ne saurait, par conséquent, distinguer si la prescription est juste ou injuste. Mais si l'incapable ne peut valablement renoncer à une prescription acquise, aux termes de l'article 2222, peut-il valablement renoncer à une prescription commencée, mais non encore acquise ? Pothier donnait ce droit aux incapables ; mais son opinion ne paraît pas fondée, car la renonciation à une prescription en voie de s'accomplir est toujours préjudiciable au mineur ; et nous savons que celui-ci ne peut valablement rien faire qui soit contraire à ses intérêts.

Le tuteur muni de l'autorisation qui lui est nécessaire pour aliéner, peut-il valablement renoncer à la prescription acquise au nom du mineur ou de l'interdit ? Pothier prétend qu'il n'a pas cette capacité, et son opinion est partagée par plusieurs jurisconsultes ; cependant l'affirmative soutenue par M. Marcadé semble mieux fondée. La loi ne demande, en effet, pour celui qui consent à la renonciation, que la capacité nécessaire pour aliéner le bien ; le tuteur peut, nous le savons, aliéner les immeubles ; il a donc le pouvoir de renoncer valablement à la prescription. Il peut évidemment renoncer aussi à une prescription commencée et non encore acquise.

Comme nous l'avons vu, la loi défend aux juges de suppléer d'office le moyen résultant de la prescription, même dans l'intérêt d'un incapable ou d'un absent. Mais, d'après l'article 83 du Code de procédure civile, le ministère public devant prendre communication de toutes les causes intéressant les mineurs et les interdits, peut, dans ses conclusions, faire valoir la prescription que les incapables ou leurs représentants ont négligé d'invoquer. Le jugement serait même rescindable par la voie de la requête civile si le ministère public n'opposait pas la prescription accomplie au profit d'un incapable.

Aux termes de l'article 2224, la prescription peut être invoquée en tout état de cause même en appel, à moins que la partie qui ne l'a pas opposée ne doive, par les circonstances, être présumée y avoir renoncé.

Le droit d'invoquer la prescription ne s'éteint ni par la mise en délibéré, ni même par les conclusions du ministère public. Plusieurs jurisconsultes ont contesté cette dernière idée, mais elle n'en est pas moins conforme à la pensée comme au texte de la loi.

La prescription peut être invoquée en appel lorsqu'on n'y a pas renoncé expressément ou tacitement ; mais le jugement rendu en dernier ressort ou confirmé sur appel ne peut pas être attaqué sous prétexte que la prescription n'a pas été invoquée. Au reste, si ce jugement pouvait être rétracté ou cassé pour quelque autre cause et si l'affaire était renvoyée devant un nouveau tribunal, le défendeur pourrait alors invoquer utilement la prescription acquise. Les juges auront d'ailleurs à examiner si les moyens déjà employés ne constituent pas une renonciation tacite à la prescription. Remarquons enfin que la prescription ne pourrait plus être opposée pour la première fois devant la cour de cassation.

Aux termes de l'article 2225, les créanciers peuvent, ainsi que toute autre personne intéressée, opposer la prescription, encore que le débiteur ou le propriétaire y renonce. Mais l'explication de cette question a donné lieu à plusieurs systèmes. Nous pensons, avec M. Valette, que les créanciers du défendeur peuvent opposer la prescription lors même que ce dernier y a renoncé, et par cela seul que la renonciation qu'il a faite leur est préjudiciable en quelque manière.

Lorsque le possesseur renonce à une prescription accomplie, sa renonciation n'a qu'un effet relatif qui n'est applicable qu'à lui seul. Au contraire, lorsqu'il a renoncé à une prescription qui n'était que commencée, sa renonciation est opposable à ceux auxquels il a concédé sur l'immeuble des droits réels non susceptibles d'être acquis par prescription ; par exemple, une servitude non apparente. Mais cette renonciation n'est pas opposable à ceux qui ont reçu de lui des droits réels susceptibles d'être acquis par prescription, comme un droit d'usufruit ou une servitude réelle continue ou apparente.

Le Code n'a pas reconnu d'une manière formelle aux étrangers le droit de prescrire, mais comme ceux-ci peuvent être propriétaires en France et y acquérir des biens non-seulement à titre onéreux, mais encore à titre gratuit, on peut en conclure assez rationnellement qu'ils peuvent acquérir en France des biens par prescription.

DE LA POSSESSION

La possession, sans appartenir exclusivement à la matière de la prescription, en est du moins une partie intégrante et fort importante, car c'est elle qui produit la prescription acquisitive.

On donne le nom de possession à la détention physique ou morale qu'une personne exerce, à titre de propriétaire, par elle-même ou par un tiers qui la représente, sur un bien corporel ou incorporel. La possession proprement dite comprend deux éléments, savoir : le fait matériel de la détention et la volonté de détenir la chose comme sienne. Il suit de là que la possession proprement dite ne s'applique qu'aux objets qui sont détenus physiquement, c'est-à-dire aux choses corporelles. Cependant on a fini par admettre que l'exercice de droits tels que l'usufruit, l'usage, équivaut à la détention, et on a donné à la possession des choses incorporelles le nom de quasi-possession.

Généralement la possession se lie au droit de propriété : presque toujours celui qui possède une chose en est propriétaire ; quelquefois cependant il arrive qu'on possède la chose d'autrui, qu'on la détient en la regardant comme sienne ; c'est alors qu'on peut l'acquérir par prescription.

A la possession sont attachés de grands avantages ; c'est elle qui, lorsqu'elle est accompagnée de bonne foi, fait gagner les fruits de la chose, lesquels restent toujours au possesseur, alors même qu'il est évincé plus tard ; c'est elle qui produit la prescription, c'est-à-dire l'acquisition du bien, quand elle a duré le temps voulu et avec les conditions nécessaires. En outre, comme dans l'état normal et habituel des choses, la possession et la propriété sont réunies, et que la propriété ne se voit pas, tandis que la possession est un fait visible, le possesseur est réputé être propriétaire tant que la preuve du contraire n'est pas faite. Enfin la possession, lors-

qu'elle a duré une année, permet au possesseur d'exercer les actions possessoires, c'est-à-dire le droit, quand il est troublé dans la jouissance de
la chose qu'il possède ou quand il est dépouillé violemment, de faire cesser
ce trouble ou cette usurpation sans avoir besoin d'établir qu'il est propriétaire.

On distingue parmi les actions possessoires, la complainte, la réintégrande et la dénonciation de nouvel œuvre. Quand, demeuré en possession,
le possesseur demande seulement à faire cesser les actes par lesquels on le
trouble, son action se nomme complainte. Elle prend le nom de réintégrande, quand elle tend à lui faire restituer la possession qu'on lui a en-
levée. Ces deux actions doivent être intentées dans l'année du trouble ou
de la dépossession. Suivant la plupart des auteurs, la possession revêtue
du caractère d'annalité et autres exigés par la loi, constitue un véritable
droit; telle était l'opinion de Toullier. La loi exige sagement le laps de
temps d'une année de possession paisible pour conférer au possesseur le
droit de possession qui le fait présumer propriétaire. La simple possession
ou détention qui n'a duré qu'un instant, qu'un jour, qu'un mois, en un
mot moins qu'une année, est un fait qui ne confère aucun droit au possesseur ou détenteur de la chose ; d'où résulte, par une conséquence
nécessaire, qu'il n'a aucune action pour s'y faire maintenir ou réintégrer,
car l'action ne peut naître que d'un droit.

On acquiert la possession d'une chose par la détention jointe à l'intention de la détenir pour soi, d'en être propriétaire. Le simple fait de détenir
une chose n'en procure pas la possession : ainsi les fermiers, les locataires,
dépositaires, ne possèdent point. L'intention d'avoir la chose pour soi ne
suffit pas, il faut de plus en avoir la détention ; mais cette règle ne doit
pas être prise dans un sens trop absolu : ainsi la détention peut exister
sans appréhension corporelle de la chose ; il suffit qu'on l'ait à sa disposition. Tel est le cas de l'acheteur auquel le vendeur a remis les clefs des
bâtiments dans lesquels sont renfermées les marchandises qu'il lui a
vendues.

La possession, qui ne s'acquiert que *facto et animo*, peut se conserver
animo solo. Il suffit que le détenteur conserve l'intention d'avoir la chose

pour lui, à condition toutefois qu'un autre ne vienne pas s'en emparer en réunissant le fait à l'intention. La possession se conserve donc plus facilement qu'elle ne s'acquiert.

La possession se perd de deux manières : 1° par l'abandon volontaire qu'en fait le possesseur, soit pour la transférer à autrui, soit même sans avoir l'intention de la transférer ; 2° par le fait d'autrui, lorsqu'un tiers a possédé à notre place, pour lui et en son nom, pendant un an, sans réclamation de notre part.

Pour opérer la prescription, la possession doit réunir les caractères suivants : 1° elle doit être continue ; 2° non interrompue ; 3° paisible ; 4° publique ; 5° à titre de propriétaire ; 6° non équivoque. Cette dernière condition n'est, au reste, qu'une confirmation des autres.

1° La possession doit être continue ; elle est telle, lorsqu'elle constitue la jouissance normale et complète dont la chose se trouve susceptible d'après sa nature. Il n'est point nécessaire que le possesseur fasse sans cesse des actes de maîtrise sur la chose ; mais il doit agir pendant tout le temps de la prescription, comme si la chose qu'il détient ou le droit qu'il exerce lui appartenait réellement. Pour prouver la continuité de sa possession, il suffit à celui qui invoque la prescription, de prouver qu'il a possédé anciennement. Nos anciens jurisconsultes suivaient une doctrine semblable : *Olim possessor, hodie possessor præsumitur, et ex possessione de præterito arguitur possessio præsente vel medio tempore, nisi contrarium probetur* (Dunod).

2° Elle doit être non interrompue ; on distingue l'interruption civile de l'interruption naturelle. Il y a interruption naturelle : 1° lorsque le possesseur, déjeté de sa possession, laisse passer une année sans s'y faire réintégrer ; 2° lorsqu'il abdique sa possession. Il y a interruption civile : 1° par les poursuites judiciaires que le propriétaire exerce contre le possesseur ; 2° par la reconnaissance que ce possesseur ferait du droit du propriétaire. L'interruption diffère de la discontinuité de possession, en ce qu'elle consiste dans la cessation absolue et entière de la possession, tandis que cette dernière résulte des intermittences que le possesseur apporte à la jouissance régulière de la chose. C'est à celui qui prétend que la possession a été interrompue à le prouver.

3° Paisible : La possession n'est paisible qu'autant qu'elle n'est ni violente, ni violentée ; c'est-à-dire que le possesseur a dû la conserver sans avoir été dans la nécessité de repousser par la force les tentatives du propriétaire pour la recouvrer. A la différence de l'interruption et de la discontinuité, le vice de violence est purement relatif et ne peut être invoqué que par les personnes qui en ont été l'objet.

La possession doit encore être publique, c'est-à-dire que le possesseur ne doit rien faire pour la cacher à celui qui avait intérêt à la connaître et à la faire cesser. Comme la violence, la clandestinité est un vice relatif ; elle ne peut être invoquée que par celui qui n'a pu, parce qu'on la lui a cachée, connaître la possession qu'on lui oppose ; mais, dès qu'il vient à cesser, le vice est purgé et le possesseur commence à prescrire.

La possession doit, en cinquième lieu, s'exercer à titre de propriétaire. On oppose à la possession à titre de propriétaire, la possession à titre précaire, qui est celle que nous exerçons en reconnaissant la maîtrise de la chose chez un autre, au nom et comme représentant duquel nous la détenons. Tel est le cas du fermier, de l'usufruitier. C'est donc la volonté d'avoir la chose pour soi, l'*animus domini*, qui constitue la possession à titre de propriétaire. Il s'ensuit que le détenteur qui, à l'origine, a commencé à détenir pour autrui, est censé n'avoir fait que continuer une détention à titre précaire. Ce n'est pas au détenteur de prouver la non-précarité de sa détention ; il est présumé avoir possédé pour lui-même ; mais le vice résultant de la précarité est un vice absolu qui peut être invoqué par toute personne intéressée.

Il faut enfin que la possession soit non équivoque. Cette dernière qualité n'est que le résultat des précédentes ; en effet, pour que la possession soit non équivoque, le possesseur doit établir qu'il possède la chose depuis un certain temps, et que sa possession a toujours été paisible, publique, continue et non interrompue.

Dans l'article 2232, la loi formule une règle fort obscure, et qui a donné lieu à plusieurs interprétations. Les actes de pure faculté et ceux de simple tolérance ne peuvent fonder ni possession, ni prescription. La prescription étant fondée, d'une part, sur la possession de celui qui prescrit, et d'autre part, sur la négligence ou l'inaction de celui contre lequel on prescrit, cette négligence ou cette inaction doivent nécessairement supposer un fait contraire au droit supposé de ce dernier. Mais on ne peut dire qu'il y a eu inaction ou négligence de la part de ceux qui se sont abstenus de faire certains actes ou d'exercer certains droits, qu'il leur était parfaitement permis de faire ou d'exercer ; ainsi, le propriétaire qui laisse écouler trente ans sans bâtir sur son terrain ne fait pas acquérir à son voisin le droit de l'empêcher d'y bâtir. Il en est de même du droit de celui qui s'est abstenu de faire aucun acte de jouissance sur une chose publique, son droit se conserve intact.

Quant aux actes de simple tolérance, nom donné en droit aux usurpations légères qu'un propriétaire supporte par esprit de complaisance et de bon voisinage, ils ne peuvent également servir à fonder une prescription parce que le propriétaire peut les faire cesser quand il lui plaît. Ces usurpations ne supposent aucune atteinte grave et permanente portée à son droit. Au reste, la jouissance de tolérance deviendrait la possession *animo domini* du jour où le propriétaire s'étant opposé à son exercice, la voisin le pratiquerait malgré son opposition, et en prétendant y avoir droit. La règle que les actes de simple tolérance ne peuvent fonder ni possession ni prescription explique la disposition de l'article 691 portant que les servitudes discontinues ne peuvent être l'objet d'une prescription acquisitive. Ce genre de servitudes ne cause en général au propriétaire qu'un préjudice si imperceptible, qu'il néglige presque toujours d'entraver leur exercice, ou les souffre par tolérance, à cause des bons rapports qui doivent exister entre les propriétaires voisins.

Pour compléter la prescription, on peut joindre à sa possession celle de son auteur, de quelque manière qu'on lui ait succédé, soit à titre universel ou à titre particulier, soit à titre lucratif ou onéreux.

On donne, en cette matière, le nom d'auteur à celui auquel le possesseur actuel a succédé légitimement dans la possession de la chose ; quant au mot successeur, il est pris ici dans un sens général.

Lorsque la possession d'une chose passe d'une personne à une autre, il faut faire une distinction entre les successeurs universels et les successeurs particuliers. Si le successeur est à titre universel, sa possession n'est que la continuation de celle de son auteur, et ne peut, dès lors, ni en être séparée, ni avoir d'autre caractère qu'elle. Au contraire, les successeurs à titre particulier peuvent, à leur choix, continuer la possession de leur auteur ou commencer une possession nouvelle : leur possession reste en effet distincte de celle de leur auteur.

Il est facile de déduire les conséquences de ce principe. Puisque la possession du successeur universel et celle de son auteur n'en forment qu'une seule, il s'en suit que si le défunt détenait à titre précaire la chose qu'il a transmise, le vice de précarité empêchera le successeur de prescrire ; que si l'auteur était de mauvaise foi, la prescription ne sera possible, pour le successeur comme pour lui, que par trente années de possession, malgré la bonne foi de ce successeur. Que si, au contraire, il possédait de bonne foi, la prescription qui, s'il eût continué de posséder, se fût accomplie par dix ou vingt ans, conservera sa nature de prescription décennale ou vicennale à l'égard de ses héritiers, malgré la mauvaise foi de ceux-ci. Quant au successeur particulier, dont la possession reste distincte de celle de son auteur, la précarité de la possession de ce dernier ne l'empêchera pas de prescrire par dix ou vingt ans, si la sienne est de bonne foi. Enfin, on doit reconnaître, bien que l'opinion contraire ait été soutenue par plusieurs jurisconsultes, que la bonne foi de l'auteur ne relèvera pas le successeur, s'il acquiert de mauvaise foi, de la nécessité de prescrire par trente ans ; mais il peut alors joindre sa possession à celle de son auteur.

DES CAUSES QUI EMPÊCHENT LA PRESCRIPTION

Il ne s'agit ici que des causes qui empêchent la prescription acquisitive ; or ces causes se bornent à une seule, la précarité. Dans notre droit, on appelle détenteurs précaires tous ceux qui détiennent la chose, *non tanquam suam, sed tanquam alienam.* Tels sont le fermier, l'usufruitier, l'usager, le dépositaire, l'amphytéote, le séquestre, le mandataire, le tuteur pour les biens de son pupille, et, suivant l'opinion générale, le mari pour les biens propres ou dotaux de la femme. Il faut remarquer que les usufruitiers et les usagers, s'ils sont détenteurs précaires quant à la propriété, sont en même temps possesseurs *animo domini* quant à leur droit d'usufruit ou d'usage.

Le vendeur qui n'a pas encore livré la chose vendue est-il un détenteur précaire ? Il faut admettre la négative, bien que l'opinion contraire ait été vivement soutenue. Il est bien vrai que le vendeur est obligé par son contrat à faire la délivrance de la chose vendue, à la restituer à l'acheteur à qui elle appartient désormais, mais cela ne suffit pas pour le constituer détenteur à titre précaire. Pour que sa possession fût telle, il faudrait qu'il eût été convenu, dans une clause particulière du contrat, que le vendeur conserverait la détention de la chose vendue à titre de locataire, de fermier ou d'usufruitier. Or telle n'est point sa situation, puisque l'acte qui l'oblige à restituer, la vente, n'indique pas comment sa détention a pris naissance, ni pourquoi la chose est entre ses mains. Il pourra donc acquérir par prescription la chose dont il avait consenti à se dépouiller par la vente ; mais, comme sa possession est entachée de mauvaise foi, il ne pourra prescrire que par trente ans.

La précarité de la possession n'est pas subordonnée à la durée du titre qui la constate ; elle rend toujours la prescription impossible, aussi bien après qu'avant l'interversion de ce titre, à moins que cette interversion ne résulte de l'une des deux causes indiquées par la loi. Ces deux causes sont : 1° L'interversion du titre précaire en un titre non précaire par le fait d'un tiers ; 2° la contradiction que le détenteur précaire oppose au droit du propriétaire.

1° *Interversion du titre précaire.* — L'interversion, ou plutôt la conversion du titre précaire en un titre non précaire, s'opère lorsqu'un tiers transmet le bien au détenteur par un titre translatif de propriété. Si, à compter de l'obtention de ce nouveau titre, le détenteur se met à posséder *animo domini*, et avec les autres conditions requises pour prescrire. Tel est le cas où le détenteur, après avoir d'abord reçu la chose à titre précaire des mains d'un possesseur non propriétaire, est venu ensuite à l'acquérir de celui-ci. L'interversion du titre précaire en un titre non précaire aurait encore lieu lorsque le détenteur précaire s'est fait vendre par un tiers autre que le propriétaire, la chose qu'il détient au nom d'autrui. On ne peut pas exiger que le nouveau titre ait été acquis de bonne foi; mais la vente doit être sérieuse et sincère, c'est-à-dire consentie par une personne qui passe pour être propriétaire, qui se comporte comme tel. Si l'acte n'était qu'une simulation, il n'y aurait pas interversion; mais ce ne serait pas parce que le titre aurait été reçu de mauvaise foi, mais parce qu'il n'y aurait pas eu collation réelle d'un nouveau titre par un tiers. Au reste, si le détenteur achète d'une personne qu'il sait n'être pas propriétaire, la prescription ne pourra s'accomplir que par trente ans.

La seconde cause légale d'interversion se trouve dans la contradiction faite par le détenteur au droit du propriétaire. Elle existe toutes les fois que le détenteur à titre précaire déclare à celui au nom duquel il possède qu'il ne le reconnaît plus pour maître. A partir du fait de résistance ainsi caractérisé, si le propriétaire n'agit pas alors pour faire maintenir son droit contre le détenteur précaire, la possession, si elle réunit d'ailleurs les autres conditions nécessaires, sera utile pour prescrire.

Tant que l'interversion n'est pas fondée sur une des deux causes indiquées par la loi, les héritiers et autres successeurs à titre universel d'un détenteur précaire ne peuvent jamais avoir une possesion légalement différente de celle de leur auteur. Ils continuent donc la détention au même titre que lui.

Il n'en est pas de même de celui à qui le détenteur précaire transmet la chose à titre particulier. Comme le successeur particulier commence une possession nouvelle, assise sur un titre différent, la prescription devient alors possible pour celui qui possède *animo domini*, et s'accomplira par dix, vingt ou trente ans, suivant que ce nouveau possesseur sera de bonne ou de mauvaise foi.

La maxime qu'on ne prescrit point contre son titre est exclusivement applicable à la prescription acquisitive. Cette maxime signifie que nul ne peut prescrire, sauf les deux causes légales d'interversion, contre la précarité que son titre imprime à la possession.

Il ne s'agit donc, dans ce cas, que de la possession, et d'un seul des vices de la possession, la précarité.

DES CAUSES QUI INTERROMPENT OU SUSPENDENT LE COURS DE LA PRESCRIPTION

Il faut bien se garder de confondre l'interruption avec la suspension. La différence qui les sépare est bien caractérisée : la première résulte du fait de l'homme ; elle est la conséquence d'un acte rédigé contre le possesseur, tandis que la seconde est l'œuvre de la loi, et tient, non pas à des actes dirigés contre le possesseur, mais à l'état d'incapacité du *dominus*. En second lieu, l'interruption et la suspension diffèrent par leurs effets ; l'interruption anéantit la prescription antérieure, tandis que la suspension arrête seulement le cours ultérieur de la prescription, en tenant compte du temps qui avait couru auparavant, et qui n'aura plus qu'à se compléter quand elle aura cessé.

L'interruption supprime la prescription qui était en voie de s'accomplir, et ne laisse place qu'à une prescription nouvelle ; cette seconde prescription peut différer de la précédente, et être dès lors, suivant les cas, plus longue, plus courte, ou semblable à la première. Il peut aussi arriver fréquemment que la prescription nouvelle ne puisse, dans les cas d'interruption, recommencer que plusieurs années après. C'est ce qui arrive pour les demandes judiciaires.

L'interruption de la prescription peut être naturelle ou civile ; il y a interruption naturelle : 1° Lorsqu'un possesseur se trouve dépossédé par l'ancien propriétaire ou par un tiers pendant plus d'une année ; 2° quand un possesseur abandonne volontairement sa possession ; 3° quand la chose possédée devient absolument imprescriptible.

La première cause d'interruption naturelle, la plus fréquente de toutes, n'a lieu que quand la possession du tiers a duré plus d'un an. Le possesseur serait regardé comme n'ayant pas cessé de posséder, s'il était réintégré ou seulement exerçait l'action en réintégrande dans l'année de sa dépossession. La privation de jouissance doit également résulter du fait d'un tiers et non d'un cas de force majeure.

L'interruption civile peut résulter de cinq causes : 1° Une demande en

justice; 2° un commandement; 3° une saisie; 4° une citation en conciliation suivie de l'assignation dans le mois; 5° enfin la reconnaissance par le
possesseur du droit du propriétaire.

1° *Demande en justice*. — La demande en justice est un acte d'huissier
par lequel le demandeur appelle son adversaire à comparaître devant un
tribunal, afin de faire prononcer une condamnation contre lui.

La demande en justice interrompt la prescription, alors même qu'elle
est formée devant un juge incompétent. Comme les questions de compétence sont fort délicates, la loi n'a pas voulu que le demandeur fût victime
d'une erreur fort difficile à éviter.

Nonobstant la demande, la prescription n'a pas cessé de courir dans
les cas suivants :

1° Lorsque l'assignation est nulle pour défaut de forme; cette nullité
doit être invoquée par le défendeur au début même de l'instance ;

2° Lorsque le demandeur a laissé périmer l'instance. Au reste, dans ce
cas, il n'y a que l'instance qui soit éteinte; le droit subsiste ;

3° Lorsque le demandeur se désiste de sa demande. Le désistement
peut porter sur le fond même du droit, ou seulement sur l'instance actuelle ;
c'est dans cette seconde hypothèse que l'interruption se trouve non avenue,
et que la prescription peut continuer. En effet, s'il y avait abandon du droit
de prescrire, il n'y aurait plus de prescription ;

4° Lorsque la demande est rejetée définitivement par une sentence
que le demandeur ne peut faire tomber.

2° *Commandement*. — Le commandement est un acte d'huissier par
lequel on enjoint à une personne, en vertu d'un titre exécutoire, d'avoir
soit à délaisser une chose, soit à exécuter une obligation. On dit en général que la prescription libératoire est seule susceptible d'être interrompue
par un commandement; mais, en certains cas, cette cause d'interruption
peut aussi s'appliquer à la prescription acquisitive. Ainsi, par exemple,
que le possesseur ait été condamné par un jugement à délaisser l'immeuble qu'il possède, et que le véritable propriétaire ait été autorisé à recourir
à la force publique pour obtenir le délaissement, en cas de résistance du
possesseur, le véritable propriétaire, avant de recourir contre lui à la force

publique, doit préalablement lui faire un commandement de déguerpir ou de délaisser l'objet. Ce commandement est évidemment interruptif de la prescription qui courait au profit du possesseur. La simple sommation ne suffit pas pour interrompre la prescription.

3° *Saisie.* — La saisie est un acte d'huissier par lequel les biens du débiteur sont placés sous la main de la justice pour être ensuite vendus. L'interruption de la prescription acquisitive par la saisie ne peut se rencontrer que dans un seul cas : c'est lorsque le possesseur, étant condamné à délaisser un immeuble sur la demande du véritable propriétaire, et à payer une certaine somme par chaque jour de retard, voit saisir ses biens pour obtenir le payement des amendes qu'il a encourues en refusant de délaisser.

4° *Citation en conciliation devant le juge de paix.* — Par la citation en conciliation, le demandeur invite son adversaire à se présenter avec lui devant le juge de paix pour se concilier, s'il est possible, avant de l'appeler à comparaître devant le tribunal civil. Aux termes de l'article 2245, la citation en conciliation interrompt la prescription du jour de sa date, mais elle ne produit cet effet qu'à la condition d'être suivie, dans le mois à dater du jour où la personne citée a dû comparaître, d'une assignation qui soit elle-même efficace.

La comparution volontaire des parties devant le juge de paix, à la condition de l'assignation dans le mois, produit l'interruption du jour de sa date comme la prescription elle-même. Quant aux simples lettres d'invitation du juge de paix, elles ne peuvent pas produire l'interruption de la prescription.

La citation en interruption aura-t-elle un effet interruptif quand elle est donnée dans une affaire où la loi ne la demandait pas ? La négative est généralement soutenue ; cependant, nous préférons l'affirmative, ne voyant dans cette hypothèse qu'une erreur de compétence : le demandeur a mal choisi le tribunal devant lequel il voulait agir.

La demande en justice peut-elle interrompre la prescription lorsqu'elle n'a pas été précédée d'une demande en conciliation ? La Cour de cassation admet la négative, mais nous nous rangerons avec la doctrine de l'opinion contraire. En effet, la demande est valable quant à la forme, si elle n'est point recevable, c'est parce qu'elle est portée devant un tribunal incompétent : or, d'après l'article 2246, la demande régulière quant à la forme, interrompt la prescription alors même qu'elle est portée devant un juge incompétent. Au reste, nous pouvons appliquer cette règle à notre espèce, d'autant plus sûrement que la loi attribue un effet interruptif de préscription à une demande portée devant un tribunal absolument incompétent.

5° *Reconnaissance par le possesseur du droit du propriétaire.* — Cette reconnaissance peut être écrite ou verbale, expresse ou tacite. En cas de contestation sur le point de savoir si la reconnaissance a eu lieu, la preuve se ferait d'après les principes généraux.

En principe, l'interruption civile ne profite qu'à celui qui l'a produite ; et, réciproquement, elle n'est opposable qu'à celui contre lequel elle a eu lieu. Les exceptions n'ont trait qu'à la prescription libératoire.

DES CAUSES QUI SUSPENDENT LE COURS DE LA PRESCRIPTION

A la différence de l'interruption, la suspension n'agit jamais que sur l'avenir, et laisse en réserve le temps de prescription qui peut être antérieurement acquis.

Aux termes de l'article 2251, la prescription court contre toutes personnes, à moins qu'elles ne soient dans quelque exception établie par la loi. Comme on le voit, la suspension de la prescription résulte uniquement de la volonté du législateur. Les causes de suspension de la prescription acquisitive peuvent se diviser en deux classes : 1° Les unes sont fondées sur la qualité personnelle du propriétaire ; 2° les autres sur les rapports existant entre ce propriétaire et le possesseur.

La cause de suspension de la prescription fondée sur la qualité du propriétaire est admise pour trois classes de personnes : 1° Les mineurs ; 2° les interdits ; 3° les femmes mariées ; mais la prescription n'est suspendue à leur égard que dans quatre cas seulement.

La prescription n'est suspendue au profit des mineurs que pour les grandes prescriptions, et non pour celles de cinq ans et au-dessous. Cette disposition ne concerne d'ailleurs, comme nous le verrons, que la prescription libératoire, la prescription acquisitive des immeubles exigeant au moins dix ans de possession. Cette cause de suspension de la prescription n'est admise qu'à raison de la qualité personnelle du mineur; elle ne profitera donc qu'à lui, et ne pourrait être invoquée par son copropriétaire majeur.

La règle que la prescription ne court pas contre les mineurs s'applique également aux interdits; mais elle ne s'étend pas aux personnes en état d'imbécillité, de démence ou de fureur, mais non interdites, ni à celles qui sont pourvues d'un conseil judiciaire. La loi ne les comprend pas dans sa disposition.

Quant aux femmes mariées, la prescription est suspendue pour elles dans quatre cas déterminés :

1° Sous quelque régime qu'elles soient mariées, relativement aux actions en nullité des contrats que la femme a faits sans l'autorisation de son mari. Ces actions ne deviennent prescriptibles qu'à partir de la dissolution du mariage ;

2° Sous quelque régime qu'elles soient mariées, dans tous les cas où l'action de la femme réfléchirait contre le mari, soit par un recours en garantie ou autrement. La prescription est suspendue tant que dure le mariage ;

3° Lorsque la femme est mariée sous le régime de la communauté, pour les actions qu'elle ne peut exercer qu'après son option sur l'acceptation ou la répudiation de la communauté, la prescription en est suspendue tant que la communauté dure ;

4° Enfin le quatrième cas de suspension pour la femme, c'est celui d'immeubles dotaux inaliénables; la prescription est suspendue tant que dure le mariage. Cette règle n'est évidemment applicable qu'à la femme mariée sous le régime dotal.

En dehors de ces quatre cas, la prescription n'est jamais suspendue à l'égard des femmes mariées, sans qu'il y ait à distinguer si elles se sont réservé ou non l'administration de leurs biens.

Quant aux causes de suspension fondées sur les rapports entre le propriétaire et le possesseur, on en distingue deux :

1° La prescription est suspendue entre époux d'une manière absolue. Il répugnait, en effet, que la prescription courût au profit d'un époux contre son conjoint. De plus, si un époux avait pu prescrire les biens de l'autre, ils auraient pu se faire indirectement des libéralités qui, en fait, auraient été irrévocables;

2° La prescription est suspendue au profit de l'héritier bénéficiaire. Cette disposition de la loi ne concerne que la prescription libératoire. Quant à la prescription acquisitive, que l'héritier bénéficiaire prétendrait faire courir à son profit contre la succession, elle est évidemment impossible. On peut faire remarquer ici que la prescription court contre une succession vacante lorsqu'elle n'a pas encore été acceptée, et même pendant les trois mois et quarante jours pour faire inventaire et délibérer ; les successibles et autres personnes intéressées sont en faute de n'avoir pas pris les mesures nécessaires pour faire des actes interruptifs.

DU TEMPS REQUIS POUR PRESCRIRE.

Dispositions générales. — La prescription se compte par jours et non par heures. Cela veut dire qu'elle se compte par journées ordinaires de minuit à minuit, et qu'elle n'admet d'ailleurs que des jours complets. Si la prescription s'était comptée par heures, la question de connaître avec précision son point de départ aurait fait naître une multitude de procès.

La prescription est acquise lorsque le dernier jour du terme est accompli. En droit romain, on faisait à cet égard une distinction : les jours commencés étaient comptés pour la prescription acquisitive ; ils ne l'étaient pas dans la prescription libératoire. Le code a rejeté cette distinction : le dernier jour, le jour de l'échéance de la prescription, qui n'est que commencé, ne compte jamais.

Faut-il compter ou rejeter en entier le jour qui sert de point de départ à la prescription? Les auteurs ne sont point d'accord à cet égard. Nous déciderons, avec MM. Marcadé et Valette, que le *dies a quo* ne doit jamais compter. Tel était le système suivi en dernier lieu dans notre ancienne jurisprudence, et il n'est pas probable que les rédacteurs du Code aient voulu l'abandonner. Il en résulte que la possession commencée le 1er janvier 1830 ne pourra donner le droit d'invoquer la prescription acquisitive que le 2 janvier 1860, la revendication faite dans le jour précédent étant encore utilement faite. Les jours fériés comptent comme les autres, alors même que le jour de fête légale se trouve être le dernier de la prescription : nous savons, en effet, qu'avec la permission du juge on peut, même ces jours-là, faire des actes conservatoires.

DE LA PRESCRIPTION TRENTENAIRE.

D'après l'article 2262, toutes les actions, tant réelles que personnelles, sont prescrites par trente ans, sans que celui qui allègue cette prescription soit obligé de rapporter un titre, ou qu'on puisse lui opposer l'exception tirée de la mauvaise foi.

Cette prescription de trente ans, précisément parce qu'elle est la plus longue de toutes, est aussi la moins exigeante. Par cela seul, s'il s'agit d'acquérir, qu'il y a eu pendant trente ans, de la part des tiers, une possession revêtue des six caractères désignés par l'article 2239, la prescription est acquise, sans que la mauvaise foi du possesseur, si insigne qu'elle soit, puisse en empêcher l'effet. La prescription se compose donc, pour les actions réelles, de deux éléments : la possession et le laps de temps. Nous allons voir que, pour les prescriptions plus courtes, d'autres conditions sont exigées.

DE LA PRESCRIPTION PAR DIX ET VINGT ANS.

La prescription par dix et vingt ans se rapporte presque exclusivement à la prescription acquisitive. On conçoit que la loi ne devait pas mettre au même rang tous les possesseurs ; il en est qui méritent d'être traités plus favorablement que d'autres ; ainsi, le possesseur qui s'est emparé sciemment de la chose d'autrui est certes bien moins digne d'intérêt que celui qui, par un juste titre et avec bonne foi, acquiert en fait, mais *a non domino*, un ou plusieurs immeubles déterminés. La loi traite bien plus favorablement ce dernier possesseur : il peut prescrire la propriété par dix ans de pos-

session, si le véritable propriétaire de l'immeuble est présent, c'est-à-dire
demeure dans le même ressort de Cour d'appel où le bien est situé, par
vingt ans de possession, s'il n'y demeure pas ; enfin, par un laps de temps
intermédiaire, si ce propriétaire y a demeuré et s'est absenté pendant le
cours de la prescription. L'article 2266 nous donne la manière de déterminer ce laps de temps : « Si le véritable propriétaire a eu son domicile
en différents temps, dans le ressort et hors du ressort, il faut pour compléter
la prescription, ajouter à ce qui manque aux dix ans de présence, un
nombre d'années d'absence double à celui qui manque, pour compléter les
dix années de présence. »

Pour prescrire par dix ou vingt ans, le possesseur doit être de bonne
foi et posséder en vertu d'un juste titre, examinons successivement ces
deux conditions :

Il faut d'abord un juste titre : on entend par juste titre tout acte, tout
événement qui, lorsqu'il émane du véritable propriétaire, est par nature
translatif de propriété. Tel est le caractère de la vente, de l'échange, de la
donation, de la dation de paiement. La loi exige que le possesseur ait pu
raisonnablement croire à une translation de propriété : ne sont donc point
de justes titres les baux à ferme ou à loyer, les contrats de prêt à usage,
de dépôt, d'antichrèse, les titres nuls pour défaut de formes, et les titres
prohibés par la loi. Le juste titre putatif équivaut-il à un titre réel ? La loi
romaine établissait en cette matière une distinction fort importante : l'opinion d'un juste titre ne suffisait pas lorsque rien ne l'expliquait ni ne la
justifiait. On devait, au contraire, la regarder comme équivalente à un
titre lorsqu'elle reposait sur un juste fondement : telle était, dans notre
ancien droit, l'opinion de Pothier. Nous pensons, au contraire, avec le
plus grand nombre de jurisconsultes, que le titre putatif ne suffit pas ; car la
croyance à l'existence d'un titre ne peut être regardée comme un titre.

Au juste titre, l'acquéreur doit ici joindre la bonne foi, une bonne foi
complète, consistant dans le fait de croire que l'on devient propriétaire de
la chose transmise par acte gratuit ou à titre onéreux. L'acquéreur doit
donc : 1o Croire l'aliénateur propriétaire de l'immeuble ; 2o le croire capable
d'aliéner ; 3o croire que l'acte de transmission n'est entaché d'aucun vice.

Au reste, la bonne foi est toujours présumée, tant que l'adversaire de l'acquéreur ne prouve pas qu'elle n'a point existé. Le possesseur qui invoque une prescription de dix ou vingt ans doit donc nécessairement triompher par cela seul que son adversaire est dans l'impossibilité de prouver qu'il savait, au moment même de son acquisition, que son auteur n'était pas propriétaire de la chose qui lui a été donnée ou livrée. Cette preuve peut, d'ailleurs, être faite par toute espèce de moyens, par titres, ou même par de simples présomptions.

La prescription fondée sur la bonne foi et le juste titre s'accomplit par dix ans de possession entre présents, et par vingt ans entre absents. Ce n'est pas le domicile, mais la résidence dans le ressort ou hors du ressort qu'il faut considérer pour la prescription de dix à vingt ans. L'article 2266, nous l'avons déjà dit, prévoit le cas où le propriétaire a eu son habitation dans différents lieux : la prescription se compte alors en ajoutant aux années de présence effective un nombre d'années d'absence double de celui qui manque pour compléter dix ans de présence ; par exemple, quand le propriétaire après avoir résidé cinq ans dans le ressort de la Cour d'appel où est situé l'immeuble, transporte ailleurs son domicile, il faut ajouter dix ans d'absence à ce délai pour que la prescription soit accomplie. Enfin, d'après l'opinion de Pothier, si l'immeuble appartenait par indivis à deux propriétaires dont l'un serait présent et l'autre absent, le possesseur prescrirait la part du premier par dix ans, et celle du second par vingt ans seulement : si cet immeuble était indivisible, la prescription ne pourrait pour le tout s'accomplir que par vingt années. La prescription peut donc varier de onze manières différentes, depuis dix jusqu'à vingt ans.

La prescription privilégiée de dix à vingt ans n'a lieu que pour l'acquisition de la pleine propriété des immeubles et des droits d'usufruit, d'usage et d'habitation, indépendamment de la propriété. Elle n'est applicable ni pour des universalités de biens qui ne sont prescriptibles que par trente ans, ni pour les meubles particuliers qui sont l'objet de règles différentes et plus favorables. Quant aux servitudes réelles, continues et apparentes, nous pensons que la prescription par dix ou vingt ans leur est applicable, bien que l'opinion contraire ait été vivement soutenue par plusieurs jurisconsultes éminents.

La prescription de dix ou vingt ans court, comme la prescription de trente ans, contre tous ceux qui ont sur la chose possédée un droit réel quelconque. Le propriétaire acquiert donc par cette prescription la propriété franche de toutes les charges qui pesaient sur elle.

DE LA RÈGLE : EN FAIT DE MEUBLES, LA POSSESSION VAUT TITRE

Ce principe a été formulé dans notre ancien droit français par Bourjon, comme résumant la doctrine de la jurisprudence du Châtelet, et reproduit intégralement par le Code. Entendu seul, il serait assez difficile à interpréter ; mais l'exception qui le suit dans le même article peut servir à en déterminer le véritable sens. Voici cette exception : « Néanmoins, celui qui a perdu ou auquel il a été volé une chose, peut la revendiquer. » La règle : en fait de meubles, la possession vaut titre, doit donc être entendue en ce sens qu'en principe on ne peut revendiquer un meuble contre celui qui le possède, et que la seule possession des meubles suffit, indépendamment du laps de temps, pour en faire acquérir la propriété.

L'acquisition des meubles par la possession est-elle l'effet d'une prescription instantanée ? Plusieurs auteurs admettent l'affirmative, mais nous pensons que leur système est contraire aux textes et à l'intention vraisemblable du législateur. Nous dirons donc que, lorsqu'il s'agit de meubles, la possession seule, pourvu qu'elle soit entourée de certaines conditions, suffit pour établir une présomption invincible de propriété, sans qu'il y ait lieu de recourir à l'idée d'une prescription instantanée. Cette opinion a été principalement soutenue par M. de Folleville.

La règle qu'en fait de meubles la possession vaut titre est fondée sur un double motif d'équité et d'ordre public. L'usage étant, en effet, de se transmettre les objets mobiliers de la main à la main par de simples conventions verbales, la propriété mobilière se trouve rarement constatée par écrit ; c'eût été, par conséquent, jeter partout la perturbation, et rendre le commerce impossible, que de laisser la prescription de ces objets soumises aux mêmes règles que celles des immeubles ; et, d'un autre côté, il est équitable que le propriétaire négligent qui a laissé passer sa chose aux mains d'autrui subisse une perte, plutôt que l'acquéreur de bonne foi qui n'a aucune faute à se reprocher.

L'application de la règle qu'en fait de meubles la possession vaut titre est subordonnée à trois conditions. Il faut :

1° Que le possesseur qui l'invoque soit de bonne foi. — La loi qui excuse l'erreur ne protège pas la fraude. Au reste, la bonne foi est toujours présumée ; c'est à celui qui la conteste à prouver qu'elle n'existe point.

2° Qu'il ait un juste titre, c'est-à-dire qu'il possède la chose en vertu d'un titre qui l'en eût rendu propriétaire, si celui avec lequel il a traité eût été le véritable maître. Pour que la bonne foi mérite d'être prise en considération, il faut qu'elle soit raisonnable.

3° Qu'il ne soit pas personnellement obligé à la restitution de la chose. — En effet, le dépositaire pourrait bien opposer une fin de non-recevoir à l'action en revendication exercée contre lui par le propriétaire, mais il serait encore contraint par l'action personnelle à restituer la chose.

Les juges ne peuvent pas appliquer d'office la règle qu'en fait de meubles la possession vaut titre. — On suit ici le même principe que pour la prescription ; mais d'après l'opinion générale, cette règle peut être invoquée par les créanciers du possesseur. Un débiteur ne doit pas, en effet, compromettre par son propre fait les droits de ses créanciers.

La règle qu'en fait de meubles la possession vaut titre s'applique à tous les meubles, pourvu que leur transmission ne soit pas habituellement constatée par des écrits, et qu'ils soient de nature à passer rapidement de main en main. Notre règle n'est donc pas applicable : 1° Aux meubles incorporels tels que les créances et rentes ; 2° aux universalités de meubles.

Quand il s'agit d'un immeuble perdu ou volé, la prescription ne s'accomplit, toujours sous les conditions ordinaires, que quand il s'est écoulé depuis la perte ou le vol un délai de trois ans, pendant lequel le propriétaire peut revendiquer sa chose. Seulement, si le possesseur de la chose perdue ou volée l'a achetée dans une foire, dans un marché ou dans une vente publique, ou d'un marchand vendant des choses pareilles, le propriétaire ne pourra revendiquer qu'en remboursant au possesseur le prix que la chose lui a coûté. Du reste, cette faculté de revendiquer pendant trois ans n'étant qu'une disposition exceptionnelle, et les dérogations ne devant pas être étendues par analogie, il faut en conclure que la revendication dont il s'agit n'est pas applicable aux objets détournés des mains du véritable propriétaire par suite d'abus de confiance ou d'escroquerie.

QUESTIONS CONTROVERSÉES

DROIT ROMAIN

I. — Dans le contrat par l'écriture, l'écriture est-elle indispensable de part et d'autre? — Non.

II. — Lorsqu'une personne a été une fois dans les conditions voulues pour avoir l'action publicienne, cette action continue-t-elle toujours à lui appartenir, quoique la chose ait passé depuis en la propriété d'un autre? — Non.

CODE CIVIL

I. — Le mariage qui a été célébré à l'étranger sans publications en France est-il nul? — Oui.

II. — Peut-on établir la filiation naturelle au moyen de la possession d'état? — Non.

III. — Lorsque le tuteur a accepté la cession d'un droit contre son pupille, quel est le sort de cette cession? — Elle est frappée d'une nullité relative.

IV. — Les héritiers du donateur peuvent-ils opposer au donataire le défaut de transcription? — Non.

V. — L'héritier qui a été, sur la poursuite d'un créancier, condamné comme héritier pur et simple, est-il déchu, *erga omnes*, de la faculté d'accepter sous bénéfice d'inventaire ou de renoncer? — Oui.

VI. — L'héritier qui accepte une succession sous bénéfice d'inventaire peut-il, contre l'opposition et l'intérêt des créanciers héréditaires, revenir au régime de l'acceptation pure et simple? — Oui.

VII. — Par quel laps de temps se prescrit l'action en garantie contre les architectes et ouvriers? — Par dix ans.

DROIT COMMERCIAL

Lorsque le mineur commerçant a pris un engagement dont la cause n'est pas connue, cet engagement sera-t-il présumé commercial ou civil? — L'engagement est présumé commercial.

DROIT ADMINISTRATIF

Dans le cas où une portion d'un immeuble ayant été exproprié, le propriétaire aurait ensuite aliéné celle qui lui restait, l'acquéreur à titre particulier de cette dernière portion aurait-il le droit d'exercer le privilége de rétrocession pour la portion expropriée qui n'aurait pas reçu sa destination? — Non, le droit de préemption ne peut être exercé que par ceux qui ont succédé aux droits de l'exproprié à titre universel.

PROCÉDURE CIVILE

Combien y a-t-il d'espèce de jugements par défaut devant les tribunaux de commerce? — Il n'y a qu'une seule espèce de jugement par défaut.

ÉDOUARD BRO.

Vu pour l'impression :

Le Doyen,

ED. BODIN.

Brest. — Imp. J. B. Lefournier aîné, Grande Rue, 86.

www.ingramcontent.com/pod-product-compliance
Lightning Source LLC
Chambersburg PA
CBHW071442200326
41520CB00014B/3799